우아, 알록달록 과일과
채소가 다 모였네.
과일과 채소가 어떻게
자라는지 알아볼까?

글 장기화

1970년 서울에서 태어나 부산에서 자랐습니다.
부산 경성대학교에서 물리학을 공부했고
1992년 용연문학상 희곡 부문에서 입상하였습니다.
지금은 어린이들에게 글쓰기를 가르치면서
좋은 동화책을 쓰기 위해 노력하고 있습니다.

그림 정순임

서울에서 태어나 세종대학교에서 만화 애니메이션을
공부했습니다. 현재 그림책 일러스트레이터로 일하고
있습니다. 그동안 <죽은 나무가 살아났어요>,
<꼬마지렁이의 식물 여행>, <눈 내리는 날>,
<두비가 할머니를 만나러 가요> 등 많은 동화책에
그림을 그렸습니다.

감수 엄안흠

한국교원대학교 생물교육과를 졸업하고
미국 캔사스주립대학교에서 생물학 박사 학위를
받았습니다.
현재는 한국교원대학교 생물교육과 교수로 재직하고
있습니다. 그동안 지은 책으로는 <균류생물학>, <선인장>,
<콩> 등이 있습니다.

식물 · 과일과 채소 15 나는 누구게?

장기화 글 · 정순임 그림 · 엄안흠 감수
펴낸곳 (주)아람키즈 | 펴낸이 이소영 | 주소 서울특별시 성동구 성수이로 147, 아이에스비즈타워 2F
고객센터 1644-4521 | 팩스 02-468-5548 | 홈페이지 www.aramkids.co.kr | 출판등록 제2020-000011호
기획 · 편집 · 디자인 (주)아람키즈 하늘땅
ISBN 979-11-6543-524-0 979-11-6543-574-5(세트)

나는 누구게?

장기화 글 · 정순임 그림 · 엄안흠 감수

아람키즈

알록달록 과일과 채소.

주먹보다 훨씬 큰 것, 손가락만큼 작은 것,
동글동글한 것, 길쭉길쭉한 것,
여기 다 모였네.

내 줄기는 땅을 기어서 옆으로 자라나.
나는 포개진 잎사귀 아래에
부끄럽게 숨어 있어.

주근깨가 많아서 항상 얼굴을 붉히는
나는 누구게?

나는 연분홍색 꽃 아래에
조그맣게 매달려 있다가
꽃이 떨어지면 점점 둥글게 자라나.

빨간 껍질이 반질반질 탐스러운
나는 누구게?

나는 좀 찾기 어려울 거야.
뿌리라서 땅속에 있거든.
달고 맛있어서 토끼도 말도 나를 좋아해.

몸이 길쭉하고 주황색인
나는 누구게?

나는 가을에 높은 나무 위에서 익어.
사람들은 제일 높은 곳에 있는 나는 남겨 둬.
새들과 나눠 먹으려는 거야.

덜 익었을 때는 떫지만, 익으면 달콤한
나는 누구게?

사람들은 나를 가지고 요리를 많이 해.
죽도 만들고, 전도 만들고.
잎으로는 쌈도 싸 먹고,
심지어 씨까지 말려서 맛있게 까먹는다고.

못생겼다고 놀림을 받아서
늘 억울한 나는 누구게?

나는 여러 겹의 옷을 입고 있어.
그 속에는 알맹이가 빼곡히 박혀 있지.

젊은데도 수염이 길게 나 있는
나는 누구게?

나는 무거워서 땅바닥을 기면서 자라.
덩치가 커서 눈에 잘 띌 거야.
물이 엄청나게 많아서
갈증 나는 여름에는 내가 최고지.

겉은 줄무늬가 있는 초록색이지만
속은 빨간 나는 누구게?

나는 **덩굴손***으로 다른 것을 돌돌 감고 자라.
올라가는 걸 무척 좋아하거든.
내 몸속에는 부드러운 씨가 아주 많고,
씹으면 아삭아삭 상큼한 맛이 나지.

몸이 오톨도톨 길쭉하고 초록색인
나는 누구게?

나도 무엇이든 닿기만 하면 감고 올라가.
늦여름에 나오고
송알송알[*] 여러 알이 모여 있지.

주스로도, 잼으로도 많이 먹는
나는 누구게?

나는 꽃도 열매도 모두 보라색이야.
매끈매끈하고 고깔 모양 꼭지가 있어.

겉은 보라색이지만 속은 하얀색인
나는 누구게?

나는 누런색이고 둥글둥글 통통해.
내 꽃에는 꿀이 많아서 나비와 벌도 자주 찾아오지.

껍질은 까끌까끌해도
속살은 아주 달고 시원한
나는 누구게?

나는 시원한 곳을 좋아해서
땅속으로 줄기를 뻗으면서 자라.
땅속에 있다고 뿌리라고 생각하지 말아 줘.

햇빛을 싫어해서 땅속에 옹기종기 모여 사는
나는 누구게?

색깔은 알록달록.
모양은 들쑥날쑥.
맛은 새콤달콤.
나무에서 풀에서 땅속에서 나고
맛도 좋고 영양도 많은 과일과 채소,
골고루 먹자!

신나는 과학놀이

문제 다음 중 땅을 기어서 옆으로 자라나는 것 **2개**를 고르세요.

① **오이**

② **딸기**

③ **수박**

④ **사과**

정답은? 1. ① ② 2. ② ③ 3. ② ④ 4. ③ ④

문제 다음 중 **잘못된 말**을 고르세요.

① 나는 뿌리라서 땅속에 있어. 토끼도 말도 나를 좋아해.

② 나는 꽃도 열매도 보라색이야. 겉은 까끌까끌해.

③ 나는 시원한 곳을 좋아해서 땅속으로 줄기를 뻗고, 옹기종기 모여 살아.

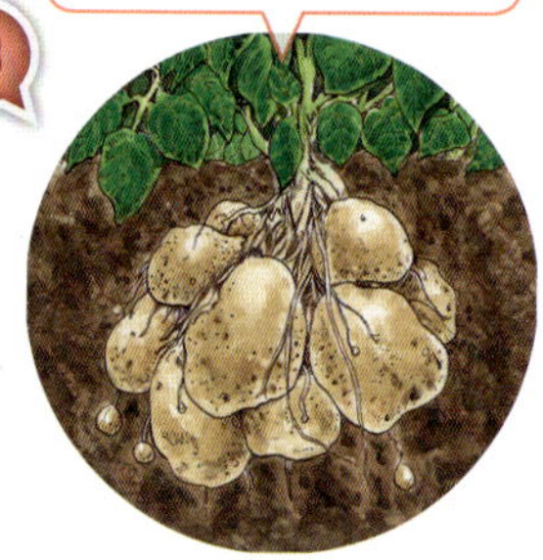

④ 사람들은 나를 가지고 죽도 만들고, 잎으로는 쌈도 싸 먹어. 심지어 씨까지 말려서 먹지.

정답은? ① ② ③ ④

정답: 2, 2